DES DÉCEPTIONS

EN

MATIÈRE ADMINISTRATIVE,

PAR

Le Ch^{er} Grillon de Villeclair,

Ancien Maire de Châteauroux et Directeur en même temps de la Sucrerie impériale en 1812, ancien Conseiller de Préfecture de l'Indre, Membre du Comité consultatif pour les Travaux publics des Communes, Membre éliminé du Jury des Arts, par Arrêté préfectoral du 14 octobre 1833.

> Lorsque les principes du Gouvernement sont une fois corrompus, les meilleures lois deviennent mauvaises et tournent contre l'État. Lorsque les principes en sont sains, les mauvaises ont l'effet des bonnes : la force du principe entraîne tout.
>
> MONTESQUIEU.

JANVIER 1839.

CHATEAUROUX,

TYPOGRAPHIE DE A. BAYVET ET Cie,

RUE DE LA VIEILLE PRISON, 1.

AVERTISSEMENT.

MONS PARTURIENS.

Magna ne jactes, sed prœstes.

Mons parturibat, gemitus immanes ciens;
Eratque in terris maxima expectatio:
At ille murem peperit. Hoc scriptum est....
Qui magna cùm minaris, extricas nihil.

Phædri fabularum, lib. iv.

INTRODUCTION.

En 1789, une étincelle partie, dit-on, des bords de la Tamise, précédée de tous ses antécédens, nous arriva avec la rapidité de l'éclair et alluma une révolution en France. Les Anglais, nous dit-on encore, de concert avec quelques français, avaient battu le briquet et bientôt la patrie entière ne tarda pas à être en feu.

Necker, qu'avait précédé de Calonne, appuyé de la très grande influence d'un prince qui assez récemment vient de terminer sa carrière, dans un âge très avancé, présenta à l'assemblée nationale un mémoire sur la situation du pays, dans lequel il fit savoir que pour combler le déficit existant dans les finances, un emprunt de quatre-vingts millions était nécessaire, quoique la dette publique ne fût alors que de cinquante-six millions.

Qu'il me soit permis de faire paraître ici une partie d'un grand tableau qui se présente sous ma main et qui figurera très bien sur l'avant-scène dans le petit drame en un acte, que je me propose de représenter devant mes concitoyens ; on pourra le prendre, si l'on veut, comme prologue de la pièce.

Je sais d'avance que l'on ne manquera pas de me comprendre dans le nombreux régiment des compilateurs ; mais peu m'importe, j'aime mieux répéter des vérités connues que d'inventer des sophismes erronés ; cependant, pour ne pas devenir tout-à-fait ennuyeux, je voilerai quelques parties du tableau et ne ferai que signaler certaines époques sans faire voir tous les détails qui les ont accompagnées et j'arriverai insensiblement à 1830. Alors nous serons tout-à-fait chez nous, où nous savons tout ce qui s'y est passé jusqu'à ce jour; nous emprunterons à nos journaux, ce qu'ont dit et disent tous les jours nos faiseurs modernes; nous verrons que le système des déceptions qui a pris naissance en 1789, s'étend plus que jamais, et qu'en matière de finances nous sommes passés des millions aux milliards, malgré la promesse solennelle d'un gouvernement à bon marché.

Je ne m'aviserai point de réveiller les déceptions politiques, qu'elles reposent tranquillement à l'ombre des lois de septembre; et j'aurais au surplus fort à faire car elles renaissent tous les jours de leurs cendres, et à quoi bon les déranger de ce travail périodique, qui reçoit chaque jour un développement nouveau et se rattache, dit-on, à ce que nous appelons progrès de la civilisation ; mais je veux parler de ces déceptions qui sont toutes matérielles et que l'on rencontre à chaque instant se promenant dans des allées de chiffres; il est malheureux seulement que ces allées ne soient bordées que de soucis et de tristes cyprès; et j'avoue que pour mon goût j'aimerais mieux les rencontrer au milieu de corbeilles de roses *trahit sua quemque voluptas*, car déception pour déception, il me resterait au moins le souvenir d'avoir respiré leur doux parfum, en les voyant se succéder, après s'être bien lassées dans le dédale des chiffres où elles finissent par mourir entassées les unes sur les autres, dans les catacombes de Necker, un des premiers jongleurs de la révolution, qui, armé du pic révolutionnaire, attaqua de front l'édifice social, commença à préparer sa ruine en même temps qu'il creusait le gouffre dans lequel viennent s'engloutir les déceptions de tous genres ; mais je reviens à mon tableau.

« Les états-généraux convoqués en 1789, pour réformer les abus et chercher les moyens de combler un déficit de 56 millions, transforment leurs pouvoirs réformateurs en mandats constitutifs, et donnent au pays la constitution de 1791 ; l'assemblée législative lui succède et à la fin de ses travaux, elle laisse le pays accablé de charges, les caisses vides, les armées dans le plus grand dénuement et un déficit de deux milliards cinq cents millions, c'est à-dire près de cinquante fois plus fort qu'il n'était lors de la convocation des états-généraux.

« La convention le porta à plus de vingt milliards, malgré les confiscations, les emprunts forcés, les réquisitions et le *maximum* de toutes les denrées qui entrèrent arbitrairement dans ses voies et moyens d'administration. Elle proscrivit également, sous la banale accusation d'aristocratie, toutes les classes de la société qui pouvaient fournir quelque chose à ses déprédations : le plus petit commerçant, comme le plus modeste agriculteur dut souvent racheter sa vie par sa ruine entière, l'un en livrant toutes ses marchandises au *maximum* contre les assignats discrédités, l'autre en sacrifiant à la fois les instrumens et les produits de son agriculture à des réquisitions arbitraires. Quelle liberté !

» Après quatre ans d'une administration où le désordre, l'immoralité, la faiblesse, donnèrent l'ignoble spectacle d'une anarchie burlesque, faisant intermède entre la tragédie conventionnelle et l'épopée du consulat et de l'empire ; l'impuissance et le mépris dans lequel était tombé le gouvernement dictatorial amenèrent son renversement par un mouvement militaire. » L'oligarchie consulaire lui succéda ;

elle improvisa la constitution républicaine de l'an VIII dont cinq ans après, en 1804, un simple sénatus-consulte fit une constitution impériale.

« A peine sur le trône, l'empereur sut dompter toutes les factions qui avaient disputé le pouvoir, et les emporter par l'irrésistible ascendant de son génie dans le tourbillon de ses théories politiques.

» Il usa bientôt de toute la puissance du despotisme militaire pour fonder sa dynastie et pour l'étayer dans tous les pays circonvoisins ; d'une vassilité royale qu'il imposait aux membres de sa famille, en la faisant monter sur les trônes des peuples subjugués par nos armes.

» Tous les intérêts nationaux furent compromis pour satisfaire cette gigantesque ambition.

L'auteur de cette portion de mon tableau continue son ouvrage, il peint avec son vigoureux pinceau l'époque de 1814 où il trouve en France les restes d'une famille auguste que la tourmente révolutionnaire en avait rejetés. Un prince se présente et annonce un français de plus ; il est salué du titre de lieutenant-général du royaume, il jure l'oubli du passé, la garantie de l'avenir et la réalisation des vœux de la France.

» Tous les partis politiques comprimés sous l'empire se relevèrent d'autant plus exigeans que le gouvernement était également impuissant pour les contenir et les satisfaire.

» C'est au milieu de cette lutte que se sont écoulées dix-sept années dont les sessions législatives, inutiles aux véritables intérêts du pays, n'ont été qu'un combat à outrance entre l'opposition et la royauté.

» Pour subvenir aux frais du gouvernement pendant cette période, l'impôt et le crédit fournirent au moyen des budgets annuels ensemble dix-sept milliards vingt-neuf millions cinq cent quatre-vingt-deux mille deux cent quatre-vingt-neuf francs donnant une moyenne pour chacune des dix-sept années une somme de un milliard un million sept cent trente-six mille six cents francs.

» La charte semblait être en 1830, un objet sacré et le fétiche nationale. De prétendus oracles de cette idole ont prononcé l'anathême contre le ministère fauteur des ordonnances fatales : à leur voix, comme soulevé par une tempête, un flot populaire a renversé tout ensemble et le trône et la charte qu'il prétendait défendre, en faisant du châtiment une nouvelle révolution.

» Cette révolution n'a pu avoir pour objet de deshériter un prince en faveur d'un autre; elle a eu d'autres causes, *et les ordonnances n'en ont été que le prétexte* ; ses auteurs et ses partisans l'ont dit à la tribune et la presse l'a répété : les causes réelles existaient pour eux dans la défiance que leur inspirait la personne royale et le principe de la royauté.

» Les doctrines victorieuses de l'opposition libérale, ont placé sur le trône le chef de la branche d'Orléans, appelé à régner *quoique ou parce que* il était le plus près de ses degrés. Il a juré que la charte serait une vérité, que son gouvernement économe et réformateur resterait fidèle à son origine, et qu'il ferait jouir le pays de toutes les libertés et de toutes les prospérités vainement réclamées sous le gouvernement déchu.

» Cependant huit années sont écoulées la dynastie et ses agens ont seul changé; le *système d'administration reste*; et les charges publiques s'élèvent plutôt qu'elles ne décroissent, nous l'avons dit ; sous les dix-sept années du précédent règne, les budgets se sont élevés au taux commun et annuel de

1,001,736,600 fr., ci.............. 1,001,736,600 f.

Sous les six premières années du règne actuel ils se sont élevés à......... 1,108,642,994 f.

Progression ascendante sous le gouvernement à bon marché, de............ 106,906,094.

Voilà je crois une déception gouvernementale qui mérite la peine d'être signalée, je l'ai trouvée avec bien d'autres dans cette certaine allée de chiffres bordée de cyprès dont j'ai parlé plus haut ; tandis que le budget de 1839 marchait à pas comptés enflé de ses douze cents millions.

C'est donc en haine des révolutions, qui toutes sont désastreuses pour le pays, et pour en prévenir de nouvelles qui finiraient par le ruiner, le diviser et le perdre à jamais que le devoir le plus impérieux des dépositaires du pouvoir est d'entrer dans une réforme, non pas gouvernementale, puisque le gouvernement actuel semble avoir obtenu le suffrage des majorités, mais dans une réforme administrative assise sur de larges bases ; mais je regarde comme impossible de ne pas appeler en aide tous les ministres ; il faut les tenir de si près que leurs portefeuilles ne soient plus aussi recherchés, quoiqu'il y aura toujours pour ces messieurs plus que de l'eau à boire ; il faut leur parler avec cette fermeté qu'a déployée M. Chapuis de Montlaville, membre de la chambre des députés, dans la séance du 13 mars dernier, à l'occasion de la discussion des fonds secrets.

« M. Chapuis de Montlaville combat le projet ; il critique les actes du ministère du 15 avril et passe en revue les fraudes électorales. Il accuse la presse ministérielle payée sur les fonds secrets, d'y avoir contribué. (Voir la séance du 13 mars 1838.)

» Vous le voyez donc, Messieurs, ajoute l'orateur en terminant, le ministère n'est rien par lui-même, il puise sa vie dans la vie des autres, et finit par cette sortie :

» Qu'êtes-vous en effet, MM. les ministres, où est votre système? Quel est le but auquel vous tendez? Quelle est votre origine? Vous n'êtes qu'un ministère de chambre. Vous n'avez pas pris naissance sur ces bancs. Etes-vous un ministère de cour? Expliquez-vous? Ici vous êtes reniés par tous les côtés de la chambre. Si M. le président prononçait ainsi la formule sacramentale du vote : Que ceux qui sont d'avis que le ministère a la confiance de la chambre, veulent bien se lever, à peine deux ou trois membres oseraient-ils se lever ; mais s'il ajoutait que ceux qui sont d'un avis contraire, veulent bien se lever ; si chacun obéissait à ce qu'il sent dans son cœur, la chambre se leverait en masse.

» Je ne sais ce que vous êtes, en vérité, je ne suis pas même assuré de votre existence politique. Êtes-vous une ombre? Êtes-vous une réalité? Manifestez-vous? Prenez garde que l'administration du pays ne périsse en vos mains. Si vous êtes faibles laissez la place a de plus forts, cette incertitude, cette fluctuation, nuisent à tous les intérêts essentiels. Les abus augmentent sans que vous ayez la force, ni la volonté de les réprimer.

Voyez à quel point de déconsidération vous êtes arrivés ; les diverses parties de la chambre, sans s'inquiéter de vous, discutent les affaires de l'état : vous avez réduit votre droit à un simple droit d'assistance à nos délibérations. Ce que tout le monde a fait je le ferai aussi ; et sans plus me préoccuper du ministère, je dirai rapidement sur l'allocation demandée.

« Et d'abord quel est l'emploi de cette somme? Il ne nous est pas permis, dit-on, de pénétrer le mystère ; et cependant ceux qui ont participé à la distribution de ce fonds, souillé par destination, nous en ont révélé une partie : La rumeur publique a soulevé le dernier coin du voile. Les fonds secrets, Messieurs, servent à acheter les consciences, à les payer cher et comptant ; ils servent à rétablir les traitemens des fonctionnaires diminués par la chambre ; ils servent à payer les espions fashionables, qui, sous le plus spécieux prétexte, pénètrent chez les citoyens suspects, et vont répéter, en les dénaturant, les paroles qu'ils ont entendues ; ils servent à solder les émolumens de cour dont la révolution de 1830 croyait avoir affranchi le pays ; ils servent, Messieurs, à augmenter *la corruption* et à ébranler la moralité publique.

» Et c'est un gouvernement dont le premier devoir est de veiller au maintien des mœurs publiques, qui donne l'exemple d'une telle immoralité ! c'est lui qui donne une prime aux plus mauvaises passions, qui encourage les délations, et qui vient nous dire : *C'est un mal nécessaire.*

» Quant à moi, Messieurs, je repousse le projet comme immoral. » (Très bien.)

M. le ministre de l'intérieur qui pendant toute la séance en *a vu des grises,* comme on dit vulgairement dans nos faubourgs, *a fait la carpe,* expression populaire; c'est-à-dire qu'il s'est épâmé ou *trouvé mal;* et pendant quelques minutes il a bien pu perdre de vue la liste civile. Voilà une déception à grand spectacle et qui a coûté au public 1,500,000 fr. Si je parcours mon tableau, je trouve que les détails en sont infinis, et tous plus curieux et instructifs les uns que les autres ; que de déceptions nous rencontrerons encore! En voici une qui peint parfaitement un genre de ladrerie tout particulier, dont j'emprunte la description dans une feuille d'un journaliste, du 6 février dernier. On y trouve et lésinerie et prodigalité; voici comme elle s'exprime : le trait est exact et constaté par deux lois.

« Le gouvernement représentatif est le plus ladre des

gouvernemens. C'est *l'avare magnifique*. Il jette l'argent par les fenêtres dans un moment et dans l'autre il est d'une économie sordide. La gloire militaire n'a pas d'écho dans son cœur; l'intérêt matériel est tout. Un général en chef meurt sous les remparts d'une ville assiégée; on propose de donner une pension de 12,000 fr. à sa veuve, la chambre qui ne comprend la question algérienne que sous le rapport de l'amour-propre, trouve que c'est payer trop cher la vie d'un général qu'un boulet de canon a privé de sa victoire, et la pension est réduite à moitié. »

Voilà une lésinerie du gouvernement que l'on peut mettre à côté de sa prodigalité dans la pension accordée à la princesse Murat qui est de 100,000 fr. Cette dame fait partie d'une famille exilée et proscrite; et cependant elle est venue en personne solliciter cette faveur du gouvernement, quand on s'est débarrassé de la veuve d'un brave général moyennant 6000 fr. Le gouvernement se fut montré généreux en donnant 20,000 fr. à chacune des veuves; il eut économisé 66,000 fr. Mais il paraît qu'il ne connaît pas cette branche précieuse de son administration, car M. le vicomte du Bouchage, pair de France, dans la séance du 1ᵉʳ juin dernier, a prouvé, pièces en main, que la révolution de juillet dépensait, bon an mal an, deux cent cinquante-quatre millions de plus que la restauration; et maintenant que l'on doute que juillet ait tenu ses promesses et que nous ayons *le gouvernement à bon marché* annoncé en 1830.

Toutes ces déceptions gouvernementales, à part celles qui tiennent au système politique, trouvent leurs solutions, pour la plupart, dans de simples chiffres et ont nécessairement amené celles qui ont lieu chaque jour dans nos administrations particulières; puisque dans tous les gouvernemens qui se sont succédé, nous les avons pris constamment pour type, bien qu'il ne fût guère possible d'agir différemment, puisque nous nous sommes toujours trouvés sous l'influence de chacun d'eux à mesure qu'il changeait de couleurs.

Ainsi, en 1793, les rues de Paris étaient inondées du sang des victimes qu'envoyaient les provinces. Sous l'empire, il fallait des soldats et de l'argent, et l'intérieur était le grand fournisseur; aujourd'hui, à part un léger contingent en hommes que l'on utilise fort peu, c'est de l'argent et de l'argent que l'on nous demande et en abondance : si bien que pour le prouver, un petit contribuable a eu la bonhomie d'envoyer à son journaliste, le 6 mars dernier, le relevé de ses contributions foncière, personnelle et mobilière depuis 1826 jusques et compris 1838, et dont voici le tableau :

	1826, 27	94 f.
	1828, 29, 30	104.
	1831	130.
Maison,	1832, 33, 34	137.
personnel et mobilier.	1835	132.
	1836	156.
	1837	189.
	1838	221.

Et on nous menace encore d'une augmentation, dit notre bon correspondant, cependant voilà bien plus du double qu'en 1828, 29 et 30 qui portent 104 fr., quand 1838 porte 221 fr. dont moitié est 110 fr. 50 c.; où cela s'arrêtera-t-il sous notre *gouvernement à bon marché.*

Ce qu'il y a de certain, c'est que l'impôt augmente chaque année avec une progression effrayante; et c'est une chose forcée, car MM. les ministres ne s'en tiennent pas à ce qui leur est alloué par le budget, ils assomment la chambre de demandes de crédits supplémentaires; si bien que d'après un relevé fait par un honorable pair, ils se sont élevés pour les années 1834, 35, 36, 37 et 38, à une somme de 240 millions, et on remarquera que cette somme énorme est en dehors de la fixation du budget de chaque année, ce qui donne un terme moyen de 48 millions d'augmentation pour chacune des cinq années ci-dessus; voilà une déception administrative qui peut compter et vaut bien celle qu'a éprouvée notre bon contribuable provincial; mais je n'en finirais pas, si je voulais passer en revue toutes les déceptions qu'éprouve journellement le gouvernement et qui sont enregistrées et approuvées par les chambres. D'ailleurs si le gouvernement a fait un crime à un journaliste (*le Temps*) d'avoir rendu compte de la délibération secrète de la cour des pairs dans l'affaire de Laity, qui sait si en vertu des lois de septembre, que l'on nous donne comme très élastiques et qui se prêtent à toute circonstance, comme le bas de soie le plus souple; qui sait, dis-je, si on ne me ferait point aussi un crime d'avoir copié dans un journal les dires d'honorables pairs et députés dont leurs tribunes ont retenti? Il vous sied bien, me dirait-on, petit avorton, de rapporter ce que l'opposition a proféré; apprenez que si toute vérité n'est pas bonne à dire, elle l'est encore moins à répéter.

Il serait donc prudent, je crois, de tirer entièrement le rideau sur mon tableau et de commencer mon petit drame qui sera tout de localité et qui intéressera fort peu le gouvernement, pourvu qu'on lui assure en revenant bon la part à laquelle il prétend, sans qu'il soit question à son égard de déception.

Toutefois il était bon d'établir que si dans presque tous les départemens, on tombe à chaque instant de déception en déception, c'est qu'on a malheureusement suivi l'impulsion et l'exemple du gouvernement qui semble, depuis 1830, particulièrement, les avoir prises pour bases.

Pour terminer la partie de mon tableau que j'ai mis en évidence et que j'ai en grande partie copié dans les chambres, j'avais l'intention de reproduire ce qu'a dit un journaliste à l'occasion des glorieuses journées de juillet; il passe en revue ce qu'était la France avant la révolte de 1830; ce qu'elle fut pendant la durée des trois jours; ce qu'elle est devenue depuis que l'œuvre de sa régénération s'est accomplie; mais on y trouverait des vérités qui pourraient effaroucher le pouvoir chez lequel elles ont pris naissance. Pour qu'il ne se fâche point, je trouve chez nos bons amis les Anglais absolument la même position que la nôtre; ils sont comme nous enfoncés dans les déceptions les plus cruelles; comment s'en tireront-ils ainsi que nous?

Je puise ma narration dans un journal qui a changé d'autant de couleurs qu'il y a eu de phases dans une révolution, qui, après nous avoir enlevé nos enfans et nos parens de tous les degrés, s'en prend aujourd'hui à nos écus, quand elle nous aura mis à sec, il faut croire qu'elle nous laissera tranquilles : en attendant lisons chaque année le discours de la couronne; lisons chaque année les adresses des chambres, et nous nous croirons toujours heureux, car se croire heureux, c'est déjà l'être; mais voyons ce que disent nos bons amis.

J'ai dit au commencement de cette introduction que nos amis les Anglais nous avaient aidés à allumer notre révolution, et pour prouver combien il y a de sympathie entre nous, je la terminerai par une anecdote qui prouvera jusqu'à quel point nous nous imitons réciproquement; car eux aussi connaissent les déceptions.

Extrait du Journal des Débats du 10 août 1838. Article Paris 9 août.

Une réunion populaire que les journaux anglais évaluent

à 200,000 hommes a eu lieu le 6 dans une grande plaine auprès de Birmingham, sous la présidence de M. Attavood, banquier à Birmingham et membre radical de la chambre des communes. Après M. Attavood, M. Philippe-Henry Mometz prend aussi la parole et fait part à l'assemblée d'une pétition ainsi conçue :

« A l'honorable chambre des communes du royaume uni de la Grande-Bretagne et de l'Irlande, rassemblée en parlement. La pétition des soussignés citoyens souffrans expose humblement ce qui suit :

» Nous soussignés, résidans d'un pays dont les négocians sont connus par leur esprit d'entreprise, dont les fabricans sont très habiles et dont les ouvriers se distinguent par une industrie proverbiale.

» La terre est fertile, le sol est riche, la température salubre : on trouve abondamment ici les matériaux du commerce et de l'industrie, nous avons des ports nombreux et pour la facilité des communications intérieures l'Angleterre ne le cède à aucun pays.

« Pendant vingt-trois ans nous avons joui d'une paix profonde ; néanmoins avec tous ces élémens de prospérité nationale, avec toutes les dispositions et les moyens nécessaires pour en tirer parti, nous gémissons sous le poids de souffrances publiques et particulières.

» Nous sommes écrasés par le poids de taxes énormes qui ne répondent pas encore aux besoins de nos gouvernans. Nos négocians tremblent à la veille d'être engloutis par la banqueroute, les capitaux ne produisent aucun bénéfice, le travail n'est pas indemnisé ; la maison de l'artisan est dans le deuil, celle *du prêteur à gages* dans l'abondance et la joie, l'atelier des pauvres est rempli et la fabrique est déserte.

» Nous avons promené partout nos regards et nos recherches ont été actives pour découvrir la véritable cause d'une détresse si cruellement continuée. Nous n'en découvrons aucune dans la nature ni dans la providence.

» Le ciel nous a favorablement traités ; mais la folie de nos gouvernans a paralisé les effets de la bonté céleste.

» L'énergie d'un puissant royaume s'est épuisée en vains efforts pour consolider le pouvoir d'hommes égoïstes et ignorans. Toutes ses ressources ont servi à leur grandeur.

» Le bien de la patrie a été sacrifié au bien d'un parti. Le petit nombre a gouverné au nom du petit nombre. L'intérêt de la majorité a été négligé ou foulé aux pieds par une aristocratie insolente ou tyrannique.

» Le peuple espérait trouver dans l'acte de la réforme de 1832 un remède, sinon à toutes ses souffrances, au moins à la majorité de ses maux.

» Il avait appris à considérer cet acte comme un sage moyen tendant à un louable but, comme l'œuvre d'une législation améliorée qui allait enfin donner de la force à la volonté des masses. *Amère et triste déception!* Le fruit qui semblait si beau n'a plus présenté que poussière et corruption lorsqu'il a été cueilli.

» L'acte de la réforme n'a fait que transporter la puissance d'une faction à une autre. Le peuple est resté malheureux comme auparavant.

» L'esclavage a été converti en un apprentissage de la liberté qui a aggravé encore le pénible sentiment de notre dégradation sociale, en y ajoutant les angoisses d'une espérance encore ajournée.

» Nous venons vous dire avec humilité que cet état de choses ne peut ni ne doit continuer, il ne saurait se perpétuer sans compromettre sérieusement la stabilité du trône et la paix du royaume ; et si avec l'aide de Dieu et par des moyens légaux et constitutionnels il peut y être apporté un terme, nous sommes décidés à l'accélérer autant que possible.

Dans la même réunion, un anglais, M. Vincent, l'un des délégués de Londres, au milieu de bruyans applaudissemens, disait entre autres :

« Aujourd'hui c'est l'argent qui domine ; l'homme le plus méprisable du monde, *s'il a de l'argent dans ses poches, est préféré à l'honnête homme, eut-il gagné son or dans la plus vile profession* ; et ceux qui consacrent des préférences aussi odieuses sont les plus acharnés adversaires du suffrage universel.

Quelle ressemblance de tableau entre ce qui se passe en même temps et en France et en Angleterre ; déception partout ; car presque tous les états qui nous environnent ont aussi les leurs ; comment chacun s'en retirera-t-il ? Comme Jeannot, les battus paieront l'amende.

Si ce mal n'atteignait que chaque gouvernement en particulier, bien qu'il soit des plus déplorables ; mais la contagion découlant des points centraux se répand sur toute l'étendue de la circonférence et perd tout ce qui s'y trouve renfermé, et les villes, depuis les plus considérables jusqu'aux plus petites, ont leurs déceptions particulières, à l'imitation du gouvernement qui les y excite et les encourage, ce qui fait qu'elles s'endettent et se ruinent : Voyez Lyon, Bordeaux, Marseille, etc. ; elles se noient dans des emprunts qu'elles entassent les uns sur les autres, après s'être imposées extraordinairement, sans prévoir le terme de leur affranchissement ; ce qui est la plus petite de leurs inquiétudes.

La position de notre bonne ville de Châteauroux deviendrait-elle la même ; et nous verrions-nous un jour engloutis dans le fleuve des déceptions ?

L'idée de s'agrandir, d'augmenter sa prospérité, je dirai même sa célébrité est une ambition plus que pardonnable, elle est celle de toute une population qui se trouve séduite, entraînée par l'exemple; mais comment atteindre un bonheur après lequel elle va courrir, quand j'entends le premier administrateur de notre cité nous annoncer *que nos ressources accumulées pendant de longues années ne nous permettront pas de posséder le monument de la nécessité la plus urgente.*

Je conjure bien instamment ceux qui sont appelés à gouverner mon pays de se prémunir contre nos nouveaux systèmes aussi attrayans que la sirène qui attire le voyageur, le séduit par son chant et le plonge dans le gouffre.

Après avoir donné une idée succinte de ce que sont aujourd'hui, en grand, les déceptions administratives sous le gouvernement qui nous régit, je viens me placer sur mon terrain natal et prouver, à l'aide de raisonnemens bien simples et de quelques chiffres, que nous suivons parfaitement le système adopté; nous suivons une impulsion dont nous ne pouvons nous défendre, par laquelle nous sommes entraînés, que l'on ne peut cependant nous reprocher, puisqu'elle est émanée de l'exemple que nous donnent les premiers chefs de l'Etat. Comment s'en tirera l'Etat? comment s'en tireront les villes qui marchent sur ses traces? C'est ce que le temps nous apprendra; marchons toujours en attendant que nous rencontrions le fossé au bout duquel se trouve la culbute.

Voilà bien le langage d'un jeune étourdi, et c'est un plus que septuagénaire qui le tient, tant il est vrai de dire que les extrêmes se touchent! Aussi n'est-on point étonné que parfois il s'écarte au milieu d'une foule de vérités qu'il a été puiser dans le sanctuaire des lois, chez les journalistes, et dans ses allées de chiffres qu'il a bordées de cyprès.

DES DECEPTIONS

EN

MATIÈRE ADMINISTRATIVE.

Depuis que la ville de Châteauroux est devenue le chef-lieu du département de l'Indre, elle a manifesté la louable ambition de s'agrandir, s'embellir et accroître sa prospérité; sa population s'augmentant dans une progression très sensible, a nécessité la construction d'une infinité de maisons dont le nombre grossit chaque jour; peut-être n'y règne-t-il pas encore toute l'harmonie et le gout désirables; mais on pourrait dire, à qui la faute? A nos artistes qui étaient appelés naturellement à nous fournir de bons types et qui n'ont pas su donner à nos nouveaux monumens la physionomie qui convient à chacun d'eux, en raison de leurs différentes destinations; j'en ai dit quelque chose à fur et mesure qu'ils sortaient de leurs fondations; le repéter, ne signifierait rien et ne remédierait nullement à plus d'une gaucherie demeurée empreinte et ineffaçable; et ne ferait que rappeler avec des regrets cuisans les énormes sommes qu'ils ont englouties. Un quatrième monument s'achève; mais avant qu'il soit en état d'éprouver le premier essai de sa destination ; il faut qu'il finisse, à ce qu'il paraît, par avoir absorbé plus du double du prix de son adjudication au rabais ; ingénieux système qui a fait et fait tous les jours plus d'une dupe d'un seul coup et le tout sous le masque d'une prétendue économie ; ainsi l'adjudication au rabais ayant été de 128,000 fr., heureux si l'on s'en tire pour 256,000 fr. Ce système se rattache à celui de notre gouvernement à bon marché et la capitale nous en fournit tous les jours de nouveaux modèles.

De nouveaux projets sont en évidence et leur exécution réunira l'utile à l'agréable ; mais j'en demande pardon d'avance à leurs auteurs ; comment se fait-il, qu'ils n'aient pas aperçu tout d'abord, tant de déceptions cachées dans les moyens d'exécution ; s'ils veulent me le permettre, je souleverai une partie du voile qui semble couvrir les plus apparentes : déjà le gouvernement nous a fait apercevoir, qu'un de nos projets était trop gigantesque ; qu'il fallait en diminuer les proportions ; je veux parler de nos boulevards : bien certainement il était habilement conçu ; mais un demi million ne nous eut pas amené à son entière exécution. Heureux si, réduit à moitié de son ensemble, deux cent cinquante mille francs, nous acquittent entièrement. On va dire, sans doute que j'exagère ; mais que l'on se rappelle que quand il fut question de la construction de l'hôtel de la Préfecture, ne voyant, cependant encore, qu'une masse immense ; je me permis sous le ton de simple plaisanterie, de dire, à M. le préfet d'alors, que le jour où il y porterait son bonnet de nuit, l'hôtel adjugé (au rabais) pour 91,000 fr. aurait coûté plus de 300,000 fr. Il en sera de même pour nos boulevards qui absorberont, comme je viens de le dire, une somme d'environ 250,000 fr., ce qui est facile, à l'aide d'un trait de plume, d'apercevoir.

J'admets que le contour de nos boulevards déploiera une étendue de 5,000 mètres, environ une lieu de pays, sur 20 mètres de largeur ce qui donnerait 100,000 mètres carrés que l'on ne peut évaluer intrinsèquement moins de 60 c. l'un ce qui donnerait une somme de............ 60,000 f.

En faisant un double fossé de garantie contre la fraude, on ne peut donner à chacun moins de trois mètres de largeur sur un mètre et demi de profondeur et presque à pic ; on aurait pour les 10,000 mètres de pourtour, à raison de 2 fr. 50 c. par mètre courant, la somme de......... 25,000.

Plantation de deux rangs d'arbres à cinq mètres de distance feraient 2,000 à 1 fr. l'un, mis en place la somme de.................... 2,000.

Chemin de 5,000 mètres de longueur sur 10 mètres de largeur donnant 50,000 mètres carrés à raison de 2 fr. 60 c. l'un et en sus la façon des bermes feront la somme de................ 130,000.

Huit bureaux et barrières avec pilastres pour recevoir des portes à raison de 4,000 fr. l'un, donneront la somme de.................. 32,000.

Au total.......... 249,000.

Si notre administration municipale et son conseil, ont bien l'intention, et il ne faut pas en douter, de réaliser un projet qui a déjà l'assentiment et la provocation du gouvernement, *particulièrement intéressé*; il ne faut pas qu'ils se fassent illusion sur l'indispensable dépense qu'ils auront à faire. A quoi bon de se préparer à l'avance d'amères déceptions.

Evitons donc à l'avenir, il en est temps encore, ces scandaleux débats entre nos artistes et nos entrepreneurs, que les premiers surveillent, avec toute l'attention dont ils sont capables, les entrepreneurs ; mais ne fournissons pas à ces derniers l'occasion de manquer à des engagemens qu'ils ne peuvent tenir parce qu'ils n'ont pas de leur ouvrage le prix convenable. Pourquoi leur dit-on, avec dûreté, l'avez-vous entrepris ; mais en définitive et celui qui adjuge et l'adjudicataire sont dupes par la même imprudence et nous aurons dans notre ville une déception de plus à ajouter dans la construction de notre quatrième monument public.

Un projet non moins intéressant, et selon moi aussi urgent que l'établissement de nos boulevards, a été présenté par M. le maire dans une séance du conseil municipal du 25 avril dernier et j'ai infiniment regretté que dans ses différentes propositions, il l'ait placé dans une perspective aussi éloignée; je veux parler d'une halle aux blés qui depuis longtemps fait l'objet de la sollicitude générale; en attendant qu'il se réalise, il propose l'acquisition des maisons Falchéro, Dupertuis, Royon, des héritiers Guérineau, Pearron, la maison Salmon, partie des maisons Bourin et Trumeau-Virard; ainsi tant entières qu'en portions de maisons, voici huit acquisitions différentes à faire, qui doivent fournir au centre de la ville au développement d'un parallélogramme régulier de 4,160 mètres carrés.

Certes, voici un projet qui peut égaler dans sa vaste conception celui imaginé en premier lieu pour nos boulevards, en viendrons-nous aussi à le réduire ? Peut-être ferions-nous bien, puisque M. le maire nous annonce à l'avance *que nos ressources accumulées pendant de longues années ne pourront suffire aux dépenses nécessaires.* La construction de notre halle étant ajournée indéfiniment ; on ne peut donc aujourd'hui la considérer que comme un simple projet qui déjà en acquisition de terrain nécessitera une somme de 86,000 fr.

ainsi n'en parlons donc que comme projet, pourvu qu'il ne se métamorphose pas en déceptions.

Dans un rapport très lumineux fait au conseil municipal, dans sa séance du 5 mai dernier à l'occasion des propositions ci-dessus, par M. le maire, M. le rapporteur de la commission nommée en conséquence, et après l'énumération de la population depuis 1811, dit que le commerce s'est aussi accru dans une proportion non moins considérable. « Châ-
» teauroux, centre et chef-lieu du département, traversé par
» des grandes routes, est naturellement le marché où doivent
» se rendre les grains et autres denrées destinées au com-
» merce. »

Entrant parfaitement dans l'opinion de l'honorable rapporteur, j'avais absolument sa pensée, lorsqu'en 1834, sous le titre d'étrennes à mes concitoyens, je fis paraître une petite brochure que je nommai projet de construction d'une halle aux blés sur la Place des Cordéliers et M. le rapporteur vient de dire ce que je disais en 1834. Il dit encore : « que les différens lieux sur lesquels ont été successivement
» portés les marchés des différentes denrées sont devenus
» trop exigus pour cette affectation; pourquoi ? c'est qu'indé-
» pendamment de l'augmentation de la population qui les
» rend insuffisans, c'est un principe que lorsqu'une ville est
» placée dans une position avantageuse pour le commerce,
» plus elle augmente les facilités dans une proportion con-
» venable avec l'avenir qui lui est permis d'espérer, plus
» elle en augmente l'importance. »

Je conviens avec l'honorable rapporteur que tous les lieux sur lesquels ont été successivement portés les marchés des différentes denrées sont devenus trop exigus et ce serait bien un motif de plus, dans la gêne où l'on se trouve pour les expositions de rapprocher l'ajournement de notre halle que l'on peut qualifier déjà d'une déception en herbe.

M. le rapporteur rendant la pensée tout entière de notre premier magistrat, place sa Halle aux blés dans le jardin du cafetier Moreau ; moi je l'établis sur la Place des Cordeliers.

Il faut donc absolument nous quitter M. le rapporteur et moi ; mais nous quitter bons amis et jusqu'au revoir ; il a déployé ses moyens d'exécution avec une sagacité rare ; il finit, non pas comme dit *Figaro*, par des chansons, c'est par demander de l'argent et beaucoup d'argent, sans avoir pu encore compter avec son hôte, qui lui ménage une déception dans le genre de celles qu'ont enfantées nos quatre monumens publics. Ne sortirons-nous donc jamais de ces malheureuses déceptions ? Font-elles partie du système gouvernemental que l'on nous a dit être à bon marché ? Dans ce cas il n'y a plus rien à dire, il faut suivre la pente et je dirai avec nos gouvernans, c'est un mal nécessaire, alors qu'il s'agissait du budget dans lequel entraient les fonds secrets.

Moi, je construis ma halle, comme je l'ai annoncé en 1834, sur la place des Cordeliers ; je lui donne 80 mètres 33 centimètres de longueur sur 20 mètres 6 centimètres de largeur, elle a la forme d'un vaste parallélogramme régulier; je ne demande à la ville que la cession et abandon de l'emplacement de ma Halle et la jouissance de cet établissement jusqu'à ce que je sois rentré dans mes déboursés et leurs intérêts calculés au taux légal du commerce.

Le conseil municipal ayant voté, à la majorité, pour que l'établissement de la Halle aux blés ait lieu, ne fut-ce que dans vingt ans, dans le jardin Moreau, il deviendrait ridicule que je rappelasse plus au long le projet que j'ai conçu en 1834, et il me suffit d'observer que la ville eût joui, dans trois ans, tout au plus, d'un établissement si ardemment désiré et si indispensable, qu'elle se fût épargné une dépense de plus de 300,000 fr. à laquelle elle avoue *que de longues années elle ne sera en état de satisfaire.*

Maintenant que je suis absolument éloigné de toute prétention ; si M. le rapporteur veut me le permettre, je reprendrai son rapport et le suivrai principalement sur les moyens d'exécution de son immense projet ; si je venais mettre le mien à côté, il faudrait le considérer désormais comme un rêve. Déjà, comme je viens de le dire plus haut, nous différons sur l'emplacement de la Halle qui sera, je le déclare d'avance, plus inabordable que n'eût été la mienne avec infiniment moins de dépense, et eut donné la vie à un nouveau quartier, en rentrant absolument dans la condition émise dans le rapport, page 7e, où il est dit :

« Il est évident, en effet, que lorsque la population aug-
» mente dans une progression aussi rapide, lorsque le com-
» merce prend tous les jours une extension nouvelle, il faut
» que nous sachions y proportionner nos marchés, il faut que
» les producteurs, les spéculateurs puissent y trouver place
» et commodité pour l'arrivage et le placement des denrées
» qu'ils viennent y livrer, etc. »

Nous différons encore, M. le rapporteur et moi sur les acquisitions à faire d'emplacemens qui pour la Halle seule absorberaient une somme de.................. 86,000 f.

Il est impossible qu'au milieu d'une aussi belle conception l'ensemble ne soit pas complet et il faut de toute nécessité adopter la proposition de l'honorable membre du conseil municipal qui était d'acheter les maisons de MM. Boille, Donoville et Mangin pour arriver convenablement à la Halle par une rue parallèle à l'hôtel de la

A reporter.......... 86,000 f.

Report............	86,000 f.

Mairie et au Palais de justice puisque de l'autre côté on prend les maisons Pearron et Guérineau, on ne voudra pas les payer autant que les trois autres de la rue Juive, soit pour 66,000 fr. au lieu de 86,000 fr., ci.................... 66,000

    La Halle se trouvant placée dans un terrain de 4,160 mètres carrés, l'architecte chargé d'en établir le plan et d'en diriger les travaux, répondra avec tous les ressorts de son art à la majesté de ce grand déploiement et ne viendra pas y placer une construction qui n'aurait que 1,500 mètres carrés qui laisserait autour d'elle un vuide de 2,660 mètres carrés ; son génie, n'en doutons pas, lui inspirera toutes les convenances. Je sais bien d'avance qu'on le renfermera dans le chapitre des dépenses rigoureusement nécessaires pour le genre de construction que l'on aura adopté; mais il s'en échappera à l'aide d'une adjudication au rabais; ainsi au lieu de 200,000 fr. son devis ne montera qu'à 180,000 fr., qui passant par la filière des rabais se réduira à...... 150,000

    Au Total................ 302,000

    Voilà une déception inévitable qui couvera pendant la construction et éclora quand elle sera à son terme.

    Bien certainement si la ville avait la certitude de posséder dans son centre, dans un temps plus ou moins reculé une Halle aux blés lui couta-t-elle 302,000 fr. y compris les acquisitions à faire; arrivée au comble de ses vœux, tous les habitans du centre seraient peut être satisfaits, quand ceux des quartiers éloignés attendront indéfiniment que quelques établissemens publics s'élèvent dans leur sein ; nous sommes en cela bien éloignés du système de la capitale qui est de porter la vivification sur tous les points possibles : que l'on jette aujourd'hui un coup d'œil sur la partie de Paris, appelée le Marais, qu'on la compare à ce qu'elle était il y a cinquante ans, quelle nouvelle activité n'y règne-t-il pas ; c'est parce qu'on y multiplie tous les jours les établissemens publics ; mais continuons.

Indépendamment du projet de construction de la Halle aux blés dans le jardin Moreau, le rapport fait mention de l'acquisition des maisons Guérineau, Pearrou, de partie des dépendances de la maison Peyrot, de la maison Salmon, de partie des maisons Bourin et Turmeau-Virard que l'on estime en bloc.......................... 60,000 f.

Voilà avec les.................... 302,000

Une somme de.................... 362,000

Pourvu toutefois que l'appétit ne nous vienne pas en mangeant, car où en serions-nous, avec encore nos adjudications au rabais qui engendrent les bordereaux supplémentaires, les mises en régie et finissent par accoucher d'une belle et bonne déception, bien nourrie.

La commission ne donnant pas même par aperçu ce que pourra coûter la construction de sa Halle, pense peut-être qu'elle en sera quitte pour les 36,000 fr. qu'elle attend : 1° de la générosité de M. Moreau ; 2° des portions de terrains à revendre provenant des maisons Falchéro, Dupertuis et Royon ; 3° des matériaux probablement en sus de ceux qu'on utilisera ; dès-lors elle revient à ses 146,000 fr. qu'elle a posés en ligne de compte ; et certes c'est s'en tirer, à bon marché. Acheter 4,160 mètres carrés de terrain au point central de la ville et y bâtir une halle de 1,500 mètres carrés ; on ne doutera plus que l'administration municipale ne soit en possession de la baguette des fées.

Il paraît que les auteurs du contre projet comptaient aussi sur la baguette des fées car ils achetaient 180,000 fr. 74 mètres sur 34 ; ou si l'on veut 2,446 mètres carrés et n'obtenaient rien de bien régulier à ce qu'il parait.

Je n'ai jamais envisagé d'une manière bien sérieuse le contre projet pour le placement de la Halle aux blés sur la Place du Marché actuel, M. le rapporteur l'a combattu avec force et raisonnement et a interdit à ses auteurs tout espoir de le remettre en évidence ; il a été facile, au surplus, de voir combien il était entaché du petit esprit de coterie.

Ce que je ne pardonnerai jamais aux auteurs du projet adopté, c'est d'avoir eu pendant bien des années à leur disposition tout le superbe enclos Moreau, sous son prédécesseur; ils pouvaient y établir leur Halle dans quelles dimensions ils l'auraient désiré ; ils n'avaient alors qu'une soixantaine de mille francs à débourser tandis qu'ils accusent aujourd'hui, sans avoir compté avec leur hôte une somme de cent quarante six mille francs. Voilà je crois une première déception bien caractérisée ; il est vrai que M. Moreau vient à notre aide dans la circonstance où nous nous trouvons, il nous fait cadeau de 12,000 fr., plus de 80 mètres carrés de terrain qui, au terme moyen que les paie la ville, quand elle s'en empare, pour ses alignemens, valent encore 6 fr. l'un. Voici donc une somme de 12,480 fr. Ainsi, pour l'avantage d'avoir son établissement auprès du nôtre, M. Moreau nous fait le sacrifice d'environ trente mille demi-tasses à 40 centimes l'une.

Maintenant que je n'ai plus que des châteaux en Espagne à bâtir ; sans cependant déranger Marie Christine et don Carlos de leurs affaires. Je vais, en attendant qu'ils les aient terminées, demander humblement à l'administration municipale, pour faire ressortir sa position actuelle, je vais lui demander la permission de placer à côté de son projet un petit épisode qui, je le désire, pourrait amener des déterminations ultérieures ; quant à présent, il faut supposer que je rêve.

Je suppose donc que je veuille construire une Halle aux blés sur un terrain semblable à celui de M. Moreau, je m'en empare pour cause d'utilité publique et lui donne 15 p. 0/0 en sus du prix de son acquisition, que je suppose être de 60,000 fr., il lui reviendrait donc....... 69,000^f 00^c

Je n'ai pas besoin des maisons Royou et Dupertuis, et je prends seulement celle Falchéro, estimée à la somme de........... 35,000. 00.

Mais je veux profiter de l'heureuse position de la rue Bombardon qui fait partie de la traversée de la route royale de Paris à Toulouse, et j'achète toutes les petites baraques qui longent cette rue jusqu'à l'angle de la rue neuve presque inhabitée, et je les paye, chacune, terme moyen, 3,000 fr., elles sont au nombre de sept, ce qui donnera la somme de.............. 21,000. 00.

Je bâtissais, en 1834, ma Halle sur la place des Cordeliers, pour la somme de 160,000 f. et je ne demande pas plus pour celle que je bâtis sur la rue Bombardon, ci 160,000. 00.

Au Total......... 285,000. 00.

Ayant mis en avant que la ville, pour construire sa Halle et ses accessoires, dépensera une somme de 362,000^f 00^c

A reporter....... 362,000. 00.

Report..........	362,000ᶠ	00ᶜ
Moi, sans passer par la filière du rabais, je dépense la somme de..............	285,000.	00.
Je trouve un bénéfice de........	77,000.	00.

Est-ce dommage que ce ne soit qu'un rêve; aussi je n'ai point pris mes chiffres dans l'allée bordée de cyprès et de soucis, je les ai trouvés dans une corbeille de roses avec leurs feuilles vertes couleur d'espérance, je les ai trouvées sans épines, j'ai fait mentir le proverbe; mais on fait tant de choses en rêvant et dont on ne se vante pas toujours.

La ville acquiert 4,160 mètres carrés de terrain; mais par tout ce qui appartient aujourd'hui à M. Moreau, par l'acquisition de la maison Falchéro et de mes sept baraques et leur dépendance, je crois n'être pas très éloigné d'avoir à peu près les 4,160 mètres; et si je mesurais bien, je pourrais en trouver davantage, car déjà je trouve de l'angle de la rue Neuve à celui de la maison Moreau, joûtant la cour Dupertuis, une longueur de 109 mètres; c'est, comme je viens de le dire, sur cette longueur que j'établis ma Halle et je lui donne intérieurement 15 mètres de largeur, ce qui me donne 1,635 mètres carrés, celle projetée par la ville n'en présenterait que 1,500 mètres, j'aurais en plus 135 mètres carrés, ce qui est bien à considérer quand on voit la population s'augmenter avec autant de rapidité; car qui garantirait, au train dont nous allons, que dans dix ans notre Halle ne serait pas trop petite; mais ne nous alarmons pas d'avance, sa construction est indéfiniment ajournée sous une bonne couche de déceptions en herbe, ce qui l'empêchera de se moisir; mais je reviens à mon rêve.

Un autre avantage inappréciable, c'est que, sur la rue Juive, dans tout le prolongement de la maison, cour et écuries Falchéro, je trouve assez d'espace pour y venir placer un jour une vaste église en face du palais de justice.

Déjà il me semble, dans mon rêve, que mon idée est assez heureuse en plaçant en regard l'un de l'autre et le temple de dieu où l'on implore à chaque instant sa miséricorde et sa clémence, et celui de Thémis dont on réclame chaque jour la justice; cet édifice, dont l'architecture est à mon sens bien supérieure à celle de l'hôtel de la mairie, est à peine à sept mètres de distance des bâtimens en face ; et elle est d'un genre qui demande plus d'éloignement pour acquérir son vrai degré de perspective. Le portail de mon église ayant en avant son parvis, serait au moins à vingt mètres de distance de l'entrée des tribunaux; et les deux monumens placés à distance convenable se prêteraient un mutuel relief, en réunissant toutes les convenances ; tandis que sur la rue Bombardon j'y porterais le commerce des grains ou passe une route royale de première classe.

Eh bien, Messieurs du centre, que faut-il de plus pour vous satisfaire? Vous aurez près de vous l'hôtel-de-ville, le palais de justice, une église principale et une Halle aux blés qui sera à cinquante mètres de vos pots-bouille.

Puisque vous êtes amateurs de pâtés, je vous conseille d'acheter celui Salmon, de faire disparaître la nudité du mur Basset en le cachant par une Halle à boucherie, charcuterie, volaille morte, chevreaux, etc., que vous prolongerez jusqu'au portail de Madame Bourin; vous la placerez le plus parallèlement possible à l'hôtel de la mairie ; vous pourrez prendre modèle sur celle d'Orléans, qui est très bien organisée.

De votre marché au blé actuellement existant, vous en ferez votre marché à la volaille vivante, votre marché au poisson, aux beurre, fromages, œufs, fayence, grosse poterie, etc.;

ainsi vous serez entre le pain et la bonne chair et pour vous trouver aussi entre la poire et le fromage, vous n'aurez que quelques pas à faire jusqu'au marché aux fruits et légumes. Je vous vois, MM. du centre, sous le règne de Henri IV, mettant la poule au pot sans quitter vos pantoufles, et vous égayant au dessert, contens et satisfaits de trouver tout à gogo, et surtout n'ayant point été troublés par la concurrence de nouveaux marchands.

Je dois encore vous prévenir, Messieurs du centre, pour vous ôter toute espèce d'inquiétude, que comptant bien ainsi que la commission sur au moins 4,160 mètres carrés de terrain, au moyen de mes acquisitions sur la rue Bombardon, j'emploierai, comme je l'ai dit, 1,635 mètres pour ma Halle, et 1,755 mètres pour mon église, il me restera encore 770 mètres carrés pour la circulation ; cependant je ne réponderais pas qu'au rond point de mon église, les sacristies faisant un peu saillie pour éviter que les petits renfoncemens qui, nécessairement deviendraient des dépôts d'ordures, l'autorité ne permit d'y établir des échoppes ; mais rassurez-vous, Messieurs du centre, elles ne seront occupées que par des marchandes de pommes cuites, de chataignes bouillies et rôties, de gâteaux de cinq centimes l'un et de chiques, le tout pour amuser vos enfans ; ainsi petits et grands trouveront chacun leurs jouissances.

Je reviens à ma Halle qui longera, comme je l'ai annoncé, la rue Bombardon, et je place dans la rue Neuve les voitures vides, qui ne gêneront point, attendu que cette rue ne présente, presque en totalité, que deux grands murs paralèles. Toutes les maisons en face de ma Halle prennent un nouvel aspect, et comme elles ont toutes du terrain derrière, on pourra les métamorphoser en auberges, cabarets, cafés et magasins.

Bien certainement ma Halle n'aura pas sur la rue Bombardon le même aspect qu'elle eût eu sur la place des Cordeliers : c'est un vrai regret que j'éprouve et j'aurais eu un certain orgueil de contribuer à donner la vie à un quartier que je considère comme mort sous le rapport commercial; puisqu'il en est autrement, je reste dans la rue Bombardon et je vais tirer le meilleur parti possible de mes 1635 mètres carrés.

En m'établissant sur la place des Cordeliers, j'avais l'avantage de faire circuler par tous les temps possibles, intérieurement, les voitures vides et chargées autour des vendeurs et acheteurs sans jamais pouvoir les atteindre, car elles cheminaient sur un trottoir de 4 mètres de largeur, séparé du mouvement du public par une continuité de bornes réunies par des chaines; ces mêmes voitures ne pouvaient non plus se croiser en suivant la consigne de prendre toujours le trottoir de droite en entrant sous la halle, ce qui se pratique dans les rues de Paris.

Ma Halle présenterait sur la rue Bombardon trente portiques de chacun 2 mètres 33 centimètres d'ouverture sur 4 mètres 66 centimètres de hauteur, séparés par des pilastres de 1 mètre 15 centimètres de largeur sur 66 centimètres d'épaisseur.

Il est aisé de voir que trente voituriers pourraient décharger en même temps leurs voitures vis-à-vis les tas de chaque espèce de blé ; mais on m'objectera que la rue Bombardon faisant partie de la route royale de Paris à Toulouse, mes voitures, arrêtées pour décharger, gêneront, arrêteront même la circulation. J'ai prévu cet inconvénient et je trouve sur mes 4160 mètres carrés, dans les 770 qui me restent, de quoi donner à la rue un élargissement, en sus de celui qui lui est attribué, de six mètres qui, séparés par des bornes à quatre mètres de distance les unes des autres, rompront toute communication avec la voie publique.

Au-dessus de ma halle qui aura de son pavé sous son plafond cinq mètres de hauteur, j'établis de vastes greniers auxquels on arrive par des escaliers doubles placés aux deux extrémités de la halle, de manière que l'homme chargé qui monte et celui chargé qui descend ne se rencontrent jamais. Un corridor de deux mètres de largeur règne sur toute la longueur de la halle, et l'on trouve sur chacun de ses côtés, des greniers de toutes dimensions séparés les uns des autres par des cloisons en planches.

De même qu'à ma halle, place des Cordeliers, j'établis sous celle-ci de vastes caves à peu près divisées comme mes greniers.

Il suit de cette disposition que ces greniers pourront contenir plus de 250,000 boisseaux de grains de toutes espèces et un entrepôt de vins de plus de 2,000 pièces. Les spéculateurs pourront entretenir une réserve dont les habitans et nos voisins seront à même d'apprécier l'utilité.

Voici donc mon second château en Espagne bâti, sans qu'il m'en ait rien coûté pas plus qu'à la ville, mais qui pour tous ses projets n'en sera pas quitte à aussi bon marché, devant passer par la filière des adjudications au rabais.

J'ose espérer que messieurs du centre me sauront gré d'avoir fait part de mon rêve au public; ils verront comme lui que je me suis encore le plus rapproché de leurs intérêts privés, tout en satisfaisant à l'intérêt général, et je désire bien sincèrement que l'aréopage de la mairie de Châteauroux jette un regard de considération sur mes deux projets de halle, qu'il les mette dans sa balance et qu'il veuille bien se persuader de plus en plus qu'une halle aux blés à Châteauroux est de la plus urgente nécessité; que sa construction doit avoir lieu avant toutes celles projetées, à part les boulevards, chose arrêtée, et qu'un ajournement est déjà une vraie déception qui doit disparaître devant une jouissance prochaine; non que je veuille lui garantir que dans l'exécution du projet il n'en survienne plus d'une et de plus d'un genre; c'est une plaie invétérée dans l'ordre actuel des choses; car que l'on jette un coup d'œil sur le type modèle, on verra, par exemple, que la superbe église de La Madelaine destinée d'abord à devenir le temple de la Gloire, puis adoptée pour église dans sa construction qui n'est point terminée, a plus que triplé la dépense présumée lors de sa fondation.

Deux chemins de fer ont été votés pour Versailles, celui de la rive gauche devait coûter six millions. Les bénéfices étaient basés sur cette mise de fonds. Eh bien, ce capital social porté à huit millions par la compagnie, est déjà absorbé, et il en faudrait encore sept pour achever, total quinze millions! Où seront les bénéfices? Le chemin de la rive droite, au lieu de quatre millions, en coûtera douze et plus. Que de déceptions encore se trouvent cachées dans les vagons! Mais, comme dit un vieil adage, *il faut laisser bouillir le mouton;* en attendant, revenons aux nôtres.

Dans ce moment je crois ne pas rêver et il me semble avoir entendu dire que l'administration municipale avait le projet d'amener et de distribuer sur différents points de notre ville les eaux de la fontaine Charles : C'est un des projets qui se rattachent le plus à la santé de la population.

A l'époque où je fis l'acquisition du petit moulin de Fonds, ma première idée fut d'essayer de conduire les eaux qui le font mouvoir, dans la ville de Châteauroux, mais en 1818, ayant voulu savoir si elles seraient trouvées bonnes et agréables par ses habitans, je m'assurai du contraire et presque personne, excepté quelques étrangers, ne répondit à mon invitation qui était ainsi conçue :

Avis.

L'insalubrité des eaux contribue d'une manière extrêmement sensible à la détérioration de la santé; celle de puits, que consomment les habitans de Châteauroux, est, de leur propre aveu, au nombre des plus malfaisantes et des plus désagréables; ces eaux qui reposent et filtrent à travers un terrain argilo-calcaire, à cinquante pieds terme moyen de la superficie du sol, et que l'on couvre encore souvent de l'appareil d'une pompe, ne reçoivent nullement l'influence de l'atmosphère; aussi leur crudité est-elle presque toujours la cause de ces indigestions laborieuses qui conduisent certains tempéramens à un état de débilité quelquefois irréparable.

L'infiltration des égoûts, des ateliers, des latrines, se porte généralement dans la presque totalité des puits; la plupart n'en sont séparés que par l'épaisseur d'un mur ordinaire, et la preuve de la corruption se montre d'une manière si évidente, que si on laisse reposer certaines eaux de nos puits, seulement vingt-quatre heures dans un vase, on aperçoit bientôt une pellicule se former à la superficie, offrant toutes les nuance de la couleur gorge de pigeon, signe incontestable des principes putréfiants qu'elles renferment. Arrive-t-on au mois de juillet, la plupart de ces puits si profonds tarissent et ne fournissent plus qu'une eau bourbeuse, imprégnée d'un limon argilo-calcaire, aussi dégoûtante à la vue que nuisible par son essence.

Cependant depuis des siècles, les habitans de Châteauroux, par une pernicieuse habitude, s'abreuvent de ces eaux infectes. Les étrangers en font d'abord la remarque; mais après quelques mois de résidence, ils continuent sans s'en apercevoir à boire cette espèce de poison lent; ils finissent par se plaindre comme les autres citadins, de maux de dents, qui commencent par jaunir, puis noircissent insensiblement et tombent cariées; ils se plaignent de coliques fréquentes, et leur nouvelle progéniture apporte des infirmités ignorées ailleurs, telles qu'humeurs froides, goîtres, etc.

Ce serait donc rendre un véritable service aux habitans de Châteauroux, que de leur procurer, à peu de frais, une eau salubre pour leur consommation journalière.

On avait d'abord conçu l'idée de faire jouir indistinctement toute la population de ce précieux avantage. Pour lors on eût amené, par des moyens mécaniques, les eaux d'une source quelconque, au centre de la ville, pour être ensuite distribuées dans les différens quartiers, un établissement de ce genre eût entraîné des dépenses municipales, peut-être au-dessus des moyens disponibles (je parlais ainsi en 1818, il y a 20 ans).

Avant donc de s'occuper d'un projet soumis à plus d'une considération, on a pensé qu'il fallait en premier lieu introduire l'usage des eaux salubres dans la classe susceptible de faire un léger sacrifice pécuniaire pour se les procurer. Lorsque leur avantage déjà incontestable sera physiquement et authentiquement reconnu, il n'y a pas de doute qu'il ne s'opère une cotisation spontanée (et qui n'excéderait pas un centime par individu et par jour), pour que toutes les classes puissent à l'avenir ne consommer que des eaux saines et agréables au goût.

On propose, quant à présent, de porter régulièrement tous les jours, dans chaque ménage souscrivant, quinze litres d'eau épurée, provenant de la petite fontaine de Fonds, reconnue comme une des plus légères des environs de Châteauroux.

Le prix de la souscription serait de quatre-vingt-dix centimes, payable à l'expiration de chaque mois ; ainsi, pour la modique somme de 10 fr. 80 c. par an, on aurait 5,475 litres d'eau épurée.

On conçoit que pour établir une fontaine filtrante, des tonneaux et voitures pour le transport de l'eau dans les maisons, il faudrait être assuré, à l'avance, d'un nombre tel de souscripteurs, que l'on pût avec sécurité former l'établissement ; et ce nombre ne pourrait être moindre de quatre-vingts pour commencer ; dès lors la fourniture aurait lieu dans le mois qui suivrait la quatre-vingtième souscription.

Les personnes qui désireront souscrire, feront parvenir à M. Grimault fils, facteur de la poste aux lettres, leur adhésion ainsi conçue :

Je soussigné (noms, profession et qualités), habitant de Châteauroux, rue.......... n°.... souscris pour une année entière, pour la fourniture journalière de quinze litres d'eau épurée de la petite fontaine de Fonds, rendus à mon domicile, moyennant la somme de quatre-vingt-dix centimes, que je paierai à la fin de chaque mois, au sieur Denis-Ferré, meunier au moulin de Fonds.

A Châteauroux, ce

Quelques fonctionnaires, comme je l'ai dit, qui étaient étrangers à notre population indigène souscrivirent avec empressement, tels que le préfet d'alors, le général commandant le département, le payeur, le sous-intendant, des employés des domaines, des contributions indirectes : mais à peine avais-je pu réunir une vingtaine d'individus ; quelques ivrognes indigènes et facétieux me disaient : si comme Jésus-Christ qui, aux noces de Cana, changea l'eau en vin, vous pouviez ainsi changer celle de la fontaine de Fonds, nous ambitionnerions l'honneur d'être vos premiers souscripteurs ; nos eaux de ville, il est vrai, sont détestables, mais nous n'en faisons point d'usage que pour le pot au feu, et toutes leurs impuretés s'en vont avec les écumes ; d'ailleurs vous vendez votre eau, et Châteauroux n'est pas comme Paris où on l'achète.

Au commencement de 1830 je revins sur mes pas ; mais par une autre route et sous les auspices de M. le préfet d'alors, qui m'encourageait beaucoup, j'établis par écrit le projet de conduire et de distribuer des eaux de fontaines dans l'intérieur de la ville de Châteauroux.

Je n'étais point fixé sur le choix de la fontaine puisqu'une eût suffi pour alimenter toute la cité. Je savais que sous M. Dalphonse, cet honorable magistrat avait profité de tout le savoir et de l'intelligence du professeur de chimie qui était alors au collége de Châteauroux, M. Desainthorent, médecin, auquel il avait fait analyser les eaux de la Brenne et qu'ensuite il analysa celles des fontaines qui coulent dans les environs de Châteauroux, et connues sous les noms de fontaine du Monté, commune de Déols, celle du guet à Rat, située à l'extrémité du faubourg Saint-Christophe, celle de Saint-Germain, sur le chemin de la Rochette, entre le bourg de Déols et le village de Saint-Denis. Il existe encore une fontaine très bonne dans le presbytère de Déols ; mais il faut observer qu'il serait impossible d'amener ses eaux ainsi que celles du Monté dans la ville de Châteauroux, vu qu'il faudrait faire traverser la rivière de l'Indre aux tuyaux de conduite. Les fontaines les plus proches et attenantes à la ville sont la fontaine Charles et celle des Cordeliers, leurs parcours longent la rue de l'Indre, servent au lavage des laines, aux teintures et pour les tanneries, et tel propriétaire dont elles arrosent le jardin n'en peut boire ; c'est bien le cas de dire que ces fontaines abreuvent le commerce et non les riverains qui y suppléent par des puits, mais si peu profonds que les eaux de ces mêmes fontaines, devenues fangeuses par les crues, viennent se mêler aux eaux des puits. Enfin, à un très grand quart de lieue de la ville, sur la route de Châteauroux à la forêt de Saint-Maur, se trouve la fontaine située au milieu du hameau de Fonds, dont elle tient son nom ; elle est une des plus considérables et fait tourner un moulin à blé, ainsi que la fontaine Charles, dite fontaine des Religieuses, alors que le couvent existait.

Suivant le rapport de M. de Sainthorent c'étaient les eaux de la fontaine Saint-Germain qui étaient réputées les plus légères ; puis celles de Fonds.

Dans ce moment, l'avantage le plus réel que l'on tire de toutes ces fontaines, c'est de pouvoir servir de lavoir, quand l'Indre est couverte de glaçons ou que ses eaux sont trop basses ; c'est alors que les ménagères s'y portent en foule et corrompent par leur lavage des eaux si propres à la boisson des habitans ; mais rien ne serait plus facile que de leur faire leur part, sans même les empêcher de débiter leurs cancans, car c'est là et au four, ainsi qu'à la boucherie, que se forme leur volumineuse encyclopédie.

De demi-siècle en demi siècle, on a bien parlé, mais sous le titre de conversation seulement, de l'avantage qu'il y aurait à amener des eaux de fontaines dans la ville ; mais personne encore n'en a raisonné le projet, ni la possibilité ; l'idée seule que la dépense occasionnerait pour l'exécution n'a pas permis le plus léger calcul ; et on peut dire que si vraiment le désir a existé, il a été chassé comme une mauvaise pensée ; cependant depuis tous ces demi-siècles, les connaissances, les arts et l'industrie se sont accrus, et les fortunes ont décuplé.

Pourquoi, disais-je en 1830, ne ferions-nous pas tourner à l'avantage de toutes les classes cette même industrie; faut-il donc toujours la borner à ce qu'elle offre de séduisant sous le rapport d'accumulation de capitaux, et c'est précisément parce qu'elle nous sert à les augmenter que nous pouvons d'autant plus facilement en sacrifier une partie pour la prospérité commune.

Toujours plein de mon projet, la fontaine de Fonds me parut celle à préférer, en ce que je trouvais un moteur naturel pour élever ses eaux à la hauteur nécessaire pour les conduire ensuite dans la ville; car il est à remarquer que son niveau, terme moyen, est à environ 14 mètres 66 centimètres plus bas que la place de la mairie que je crois être un des points les plus culminans de la ville. Il aurait donc fallu élever l'eau au moins à la hauteur de 24 mètres pour qu'elle se distribuât d'elle-même dans les différens quartiers; et que son éjaculation fût continuelle en sortant du château d'eau ou réservoir placé devant l'hôtel de la mairie.

Je savais d'un côté que si je trouvais à Fonds le moteur inappréciable qui eût conduit mes eaux au centre de la ville, j'avais d'un autre côté au moins mille à douze cents mètres de tuyaux de conduite pour arriver à ce même centre.

En fixant mes regards sur la fontaine Charles, je n'avais qu'un très petit trajet à parcourir pour en conduire les eaux au point central; mais comment les tirer de leur source et les faire monter assez haut dans le château d'eau pour ensuite les distribuer sur différens points? Il n'existe point de moteur; celui qui faisait aller un moulin à blé a été détruit, le vaste bassin qui recevait les eaux pour l'alimenter a été comblé, on a détruit jusqu'aux bâtimens qui renfermaient tout le mécanisme de l'usine et qui eût suffi, au moyen de quelques légers changemens, pour faire monter les eaux en ville; comment aujourd'hui y parvenir, quand déjà elles sont à 14 mètres 3 centimètres au-dessous du niveau de la place des Cordeliers? Je ne vois donc d'autre moyen que d'établir un appareil à vapeur qui dans sa construction nécessitera une dépense considérable, un entretien journalier, dispendieux, et entraînera forcément une espèce d'administration continuellement surveillante. Je suis donc parfaitement convaincu que la dépense pour se procurer les eaux de la font Charles sera triple de celle qu'eût occasionnée la conduite de celles de Fonds, et s'il était question d'en établir les deux devis, j'aurais bientôt prouvé ce que j'avance, quand bien même j'y ferais entrer l'acquisition du petit moulin qui serait indispensable; car là aussi il faudrait un directeur des mécaniques.

Soit que les eaux nous arrivent de Fonds, soit que nous les tenions de la font Charles, il faut qu'elles soient conduites par des moyens quelconques au point central. Dans mon projet, je partais de ce point et je les distribuais ensuite sur quinze points différens; elles étaient reçues dans des réservoirs auxquels je donnais des formes qui s'harmonisaient avec l'emplacement. Parties de ces réservoirs étaient adossées à des façades de maison, parties se trouvaient isolées, et tous venaient faire ornement dans chaque quartier.

Il ne faut point s'abuser ni se préparer d'amères déceptions, le projet d'amener dans la ville des eaux salubres est bien digne de toute la sollicitude de l'administration municipale, et en particulier de son chef que je regarde comme le premier indicateur et qui n'en cède en rien à trois prédécesseurs de sa famille; et bien qu'il se trouve dans une passe plus heureuse et que les revenus de la ville ayant presque décuplé en vingt années, il ne faut pas que ce digne magistrat se livre trop à des illusions trompeuses.

Bien certainement la position financière de la commune

de Châteauroux est des plus brillantes; cependant il ne faudrait pas en juger par son budget pour l'exercice 1838 où l'on voit que les recettes

extraordinaires s'élèvent à. 24,464 f. 44 c. ⎫
Celles ordinaires à..... 91,452 16 ⎬ 115,916 f. 60c.

Que les dépenses ordinaires et extraordinaires sont de....................... 114,553 31

Qu'il y a un excédant ou boni de....... 1,363 29

Voilà ce que dit le budget officiel approuvé, revêtu de toutes les formalités nécessaires; mais qui ne sait pas que si les articles des dépenses s'élèvent à 114,553 fr. 31 c., il en est bien sur lesquelles on économise; qu'il en est même qui ne figurent que pour le chiffre? Ainsi, si l'administration a son budget, elle a aussi son contre budget. J'admets qu'elle économise un bon tiers sur ses dépenses officielles; car autrement comment croire que n'ayant chaque année que de 12 à 1300 f. de reste, elle conçoive et présente des projets qui doivent absorber chacun de 2 à 300,000 fr.? On peut donc dire avec une vraie satisfaction que si l'administration a ses déceptions au milieu de l'entraînement de l'état actuel des choses, elle offre en compensation quelques contre-déceptions. L'essentiel est qu'elle ne vienne pas puiser dans la caisse des centimes additionnels pour remplir parfaitement toutes les conditions qu'entraînent ses vastes projets; surtout qu'elle n'emprunte pas; car bientôt elle ressemblerait au corbeau qui fit vivre à ses dépens le flatteur renard.

J'admets avec une entière conviction que l'administration municipale n'aura point recours aux centimes additionnels, car nous en avons assez comme cela; elle n'aura point recours non plus à un emprunt, quoiqu'elle l'ait annoncé dans son enfantement de projets, *gemitus immanes ciens*, pour la tirer du bourbier où elle va s'enfoncer.

Veut-elle au milieu de son enthousiasme, bien pardonnable, me permettre de raisonner un instant avec elle, dût-elle me taxer de radotage. Voilà mon petit budget que j'ai l'honneur de lui présenter, et qui prend ses élémens dans le sien.

Notre recette générale est de......... 115,916 f. 60 c.
Nous ne dépensons vraiment que...... 75,000. 00.

Il nous reste.................... 40,916. 60.
Il nous reste aussi, pour ne pas paraître
tout avaler, à peu près............... 1,300. 00.

    Au total.......... 42,216. 60.

Nous avons deux projets arrêtés et approuvés, sauf les bordereaux supplémentaires qui le seront plus tard; moi qui peux tailler en plein drap, je vais porter mes évaluations, comme je les entends, et je désire bien, quand il s'agira de l'exécution, qu'il soit prouvé arithmétiquement que je m'étais trompé, fût-ce de moitié?

Le plus urgent de ces projets et qui doit augmenter notre revenu de 15,000 fr. au moins, ce sont nos boulevards, ils absorberont, selon moi, une somme de..... 249,000 00.

La construction de notre Halle aux blés,
son emplacement et autres dépenses nécessaires
pour faciliter ses communications nécessite-
ront une dépense de................... 362,000 00.

Si comme on l'annonce l'envie de boire de
l'eau de fontaine nous soit enfin venue, il ne
faudra pas que nous écartions environ...'... 200,000 00.

  Voici donc une somme totale de.... 811,000 00.

Bien que l'on dise que les bons comptes font les bons amis, moi je dirai aussi que l'on ne compte pas avec ses amis; ainsi j'admets que l'on puisse économiser chaque année 50,000 fr. sur les dépenses tant ordinaires qu'extraordinaires et j'admets encore que nos boulevards seront terminés en 1841 et qu'ils produiront à l'octroi une augmentation de 15,000 fr. chaque année ; qu'en 1842 la ville se fera un revenu de 130,000 fr. il ne faudra pas moins de vingt années pour qu'elle puisse se libérer entièrement. Qui peut lui assurer que pendant ce laps de temps, il ne lui surviendra pas d'autres dépenses aussi urgentes que celles qu'elle aura à solder, car déjà j'aperçois dans le rapport de la commission pour les projets en évidence, que sur les 65,000 fr. que la caisse municipale a de disponibles, la ville aura une somme de 5,000 fr. à dépenser pour réparations urgentes que réclame *la mauvaise confection de la toiture de l'Hôtel-de-Ville*. Voilà un commencement de déception qui était restée cachée dans les combles; c'est un des fruits des progrès de la civilisation, entés sur l'adjudication au rabais.

En l'année 1789 et suivantes ; par humeur, par caractère, nous étions de vrais rustres; pour avoir la propriété d'un autre, à l'aide de la petite jolie loi sur les suspects nous nous défaisions de celui qui la possédait. Depuis 1830, nous ne sommes plus que des rustauds, un peu sans façons, il est vrai, et nous obtenons en détail ce que nous acquérions en gros; nous ne tuons plus aujourd'hui, car que serait devenu le monde? mais nous tirons de la poche, un peu brutalement à la vérité, et à l'aide *de monsieur Garnisaire* de quoi enfler nos budgets. Avant 1789, 450 millions nous suffisaient avec notre petite dette flottante de 56 millions et aujourd'hui 1200 millions ne nous suffisent pas ; et la preuve c'est qu'avant même que les chambres fussent assemblées le *Moniteur* du 14 décembre dernier, a publié deux ordonnances royales, relatives à des crédits supplémentaires.

La première « autorise le ministre des finances à créer par supplément, au crédit qui lui a été ouvert, par l'art. 15 de la loi du 14 juillet dernier pour le service de 1839, *cinquante millions* de bons royaux portant intérêts et payables à échéances fixes.

» La régularisation de ce crédit supplémentaire sera proposée aux chambres lors de leur prochaine session. »

L'autre ordonnance porte :

« Il est ouvert au ministre des finances sur l'exercice 1839 un crédit extraordinaire de 550,000 fr. pour subvenir aux dépenses urgentes qui n'ont pu être prévues par le budget dudit exercice et qui feront l'objet de chapitres spéciaux désignés ci-après savoir :

» 1° Renfort du service des douanes sur la ligne des Pyrénées. . . . . 150,000^f 00^c.

» 2° Rachat des malles postes affectées aux routes de 1re section. . . . . 400,000 00.

Total. . . . . 550,000 00.

» La régularisation de ce crédit sera proposée aux chambres lors de leur prochaine session. »

Et toujours des crédits supplémentaires, ajoute le journaliste, il faut bien préparer de la besogne pour le représentatif qui va se réunir dans trois jours.

Moi je me contenterai d'observer qu'il est pénible de voir le gouvernement manger son blé en herbe et que la ville de Châteauroux semble vouloir en faire autant ; mais qu'elle pense donc qu'elle n'a pas les épaules aussi fortes. Elle empruntera aussi à l'aide d'ordonnances royales ; mais le gouvernement ne paiera pas ses dettes ; nous aurons aussi nos petits crédits supplémentaires pour tacher de remplir nos engagemens, mais nous n'en trouverons les montans que dans la boite aux centimes additionnels? Ferons-nous rire les contribuables ? Je ne le pense pas et c'est bien le tout s'ils seront contens quand d'un autre côté, il leur faudra du pain qu'on leur fera payer environ un franc les trois kilogrammes, seconde qualité, pour nourrir par jour le père, la mère et six à sept petits bambins dont le plus fort ne peut pas remuer une pioche.

Mais je m'éloigne de Châteauroux et j'y rentre en priant mes concitoyens de me pardonner une digression qui, d'un trait de plume, dit ce que nous avons été et ce que nous sommes; Dieu seul sait ce que nous serons; mais déjà l'horizon politique semble se rembrunir, ce qui me rappelle qu'étant très jeune j'entendais dire à mes grands parens..... Ho! cette affaire est remise à l'an 40, ils voulaient dire à une époque indéterminée ; et comme dans chaque siècle il y a un an 40, cet adage s'est perpétué de siècle en siècle; mais j'aimais bien mieux celui qui disait : l'affaire est renvoyée aux calendes grecques ou à l'an 2,440 ; alors nous aurions de la marge.

Conclusion.

Tout homme épris d'un objet, le voit nécessairement en beau, et à plus forte raison quand c'est son propre ouvrage. Semblable à Pygmalion qui devint amoureux de sa statue, il n'aspirait plus qu'à lui donner la vie ; et quand il vit le marbre s'animer sous ses doigts, il fut au comble du bonheur, mais quel travail ne lui fallut-il pas ! il finit son ouvrage, se jeta à ses pieds et l'adora.

Il en fut de même quand le premier magistrat de notre ville, au milieu du conseil municipal, déploya, avec cette énergie et cette sagacité qu'on lui connait, un projet d'une hardiesse et d'une étendue immense, il disait :

« Messieurs,

» Créer d'une seule fois un ensemble suffisant pour nos
» places et nos marchés, telle est la proposition que je vous
» soumets aujourd'hui ; de long-temps nulle délibération plus
» importante, ne sera soumise aux décisions du conseil de la
» commune, à cette question se rattachent des questions
» d'intérêt général et d'intérêt particulier ; vous les présen-
» ter c'est avoir la certitude qu'elles seront étudiées avec
» toute la conscience et la réflexion qu'elles méritent, car de
» leur solution dépendent l'avenir de la ville et son homo-
» généité, etc. »

Certes, il n'est guère possible d'émettre un vœu d'une manière plus expressive, et combien il a été compris par tous les hommes amis de leur pays ! il a été aussi goûté par les hommes de l'art qui, tous peut-être, n'approuveraient pas la généralité des moyens d'exécution, mais qui tous s'unissent aux bonnes intentions de M. le maire pour arriver à un résultat quelconque.

Le reste du discours de M. le maire est le tableau de notre position actuelle sous le rapport architectural, comparé à notre position future ; cet honorable magistrat déploie avec une entente qui lui est familière ses moyens d'exécution ; mais les a-t-il tous atteints ; c'est une crainte qui m'afflige à l'avance, quand il faudra mettre les travaux en chantier, et en cela, seulement, je trouve que M. le maire est en arrière de Pygmalion, qui fit son ouvrage lui-même ; lui seul dirigea son ciseau, lui seul exécuta son chef-d'œuvre ; tandis que M. le maire sera obligé d'emprunter, disons mieux d'acheter plus d'un talent, et Dieu sait combien on les paie, sans être, bien souvent, ainsi que les matériaux, de première qualité.

Qu'il me soit permis de le dire avec la franchise et le respect qu'inspire si bien l'administration municipale; je la crois engagée dans une route bien périlleuse; elle a bien passé pour y arriver, dans cette allée de chiffres bordée de cyprès; mais avant d'être arrivée à la première halte, voilà déjà qu'elle emprunte 127,000 fr. pour faire son voyage, qu'on y ajoute d'après ses calculs son restant effectif, qui est de 62,966 fr. 61 c., voilà donc 189,966 fr. 61 c., que peut elle faire avec cette somme?

1° La ville est aujourd'hui engagée avec le gouvernement, partie intéressée; elle ne peut plus reculer devant un projet par lui adopté et approuvé, et son premier ouvrage sera ses boulevards, dont, je l'ai déjà dit et je le répéterai encore, elle ne sera pas quitte, au bas mot, pour moins de   249,000^f 00^c

2° De son aveu, elle aura sur les 146,000 fr. pour acquisition de propriétés, défalcation faite des œufs qui sont encore dans le corps de la poule, elle aura à dépenser la somme de.............................. 110,000. 00.

Sans aller plus loin, voici une somme exigible de....................... 359,000. 00.
Elle ne possède que.................. 189,966. 61.

Elle sera donc en débet, malgré son emprunt, de....................... 169,033. 39.

Voici, selon moi, la position financière actuelle de la ville, d'après ses propres erremens; croit-elle que j'ai porté trop haut la confection des boulevards, soit, et comme je ressemble à ces confesseurs qui ont la manche large, tout en laissant pour mémoire ma somme de 249,000 fr. je la réduis au compte rond de 225,000 fr., sans avoir égard aux déceptions à venir, quand nous aurons compté avec notre hôte.

Ainsi du débet de..................	169,033ᶠ 00ᶜ
J'en diminue.......................	24,000. 00.
Il s'élèvera encore à la somme de......	145,033. 00.

Me renfermant entièrement dans toute la croyance de M. le maire, je dirai avec lui que de longues années nous ne pourrons voir réalisés entièrement tous les projets dont il nous a présenté le vaste tableau, qui, selon moi, forme un bel ensemble.

Quant à présent, nous ne pouvons ajourner nos boulevards ; nous ne pouvons non plus laisser trop long-temps le bec dans l'eau les propriétaires dont nous avons signalé les maisons ; voilà donc des dépenses du moment, dans lesquelles nous sommes engagés ; ainsi nous aurons donc à payer,

1° Pour les boulevards, suivant mon dernier mot.........................	225,000ᶠ 00ᶜ
2° Pour le groupe de maisons Falchéro, Dupertuis et Royon...................	86,000 00.
3° Pour celui des maisons Guérineau, Pearron et pâté Salmon avec ses accessoires.	60,000. 00.
Somme exigible dans un temps déterminé	371,000. 00.

Il est à remarquer que nous n'avons pas encore posé la première pierre de notre Halle aux blés, pour laquelle nous faisons tant et de si belles dispositions.

Il faut nécessairement, en jetant un coup-d'œil sur l'état de nos finances, ajourner notre Halle qui est d'une urgence imminente, ajourner aussi la conduite d'eaux de fontaines dans les différens quartiers de la ville ; on voit au total que nous ne serons pas très éloignés des 811,000 fr. auxquels j'ai porté plus haut les dépenses à faire.

Reste les moyens d'éviter les déceptions. Je n'en connais pas, tant que l'on voudra suivre le ruineux système des adjudications au rabais, que je regarde, moi, comme immoral. Comment vous chargez un ingénieur, un architecte, un artiste quelconque de dresser un plan, un devis et détail estimatif; ces hommes reconnus non-seulement par leur talent mais encore par une loyauté, une intégrité dont ils donnent continuellement des preuves, vous présentent leur travail que vous approuvez et dans lequel ils ont porté le bénéfice légal que doit avoir l'entrepreneur. Que faites-vous? vous partez de cette base que je regarde en mon âme et conscience comme sacrée ; et vous proposez des rabais auxquels l'ouvrier et l'entrepreneur qui ont absolument besoin de travail pour vivre, sont obligés de souscrire; et comme il y a concurrence ils rabattent à l'envie les uns sur les autres et absorbant non-seulement le bénéfice légal, ils se trouvent au-dessous de la valeur réelle des matériaux et de la main-d'œuvre; mais il faut se retirer du mauvais pas dans lequel ils se sont engagés; alors la séduisante et perfide mauvaise foi vient à leur secours, et d'un honnête homme en fait un fripon, qui vous donne de la marchandise pour votre argent. Voilà pourquoi l'hôtel de la préfecture était à peine habité, depuis deux à trois ans, qu'il a fallu refaire presque tous les plafonds, etc. Voilà pourquoi l'administration municipale est obligée de réparer *la mauvaise confection* de la toiture de l'hôtel-de-ville ; voilà pourquoi on a été obligé de refaire la fameuse lanterne de l'escalier qui conduit à la salle des assises; voilà pourquoi, etc., etc., etc., et certes sur cette matière, on ne me fera pas croire que des vessies sont des lanternes, et je n'ai pas été sans m'apercevoir, et ce sans lanterne, que l'on trompait la surveillance des hommes appelés à diriger les travaux.

L'adjudication au rabais a donc fait et fera de tout temps dupe celui qui adjuge, et l'adjudicataire ne sera pas toujours niais.

Le Ch^{er} GRILLON DE VILLECLAIR.

P. S. Pendant que cet opuscule passait sous la presse, j'ai vu avec la plus vive satisfaction commencer les fossés qui doivent ceindre nos boulevarts, et mes prévisions ne m'ont point trompé. Nous voici au point de départ et il est bien essentiel pour l'avenir, dont le plus fin de nous ne peut prévoir les suites, que nous nous concentrions uniquement dans la dépense, je pourrais dire presque journalière, dans laquelle l'administration municipale se trouve dès ce jour engagée ; bien qu'elle ait une avance de 60,000 fr., produit de ses économies, bien que le gouvernement, intéressé dans l'affaire, vienne à son secours, il est bien essentiel, dis-je, qu'elle ne perde pas de vue qu'à compter du jour où le premier coup de pic a été donné jusqu'à celui où l'homme commis à la perception de l'octroi sera installé dans son bureau, nous aurons à dépenser au bas-mot 225,000 fr. puisque 249,000 fr. effrayent.

J'oserai me permettre de réitérer mes instances à l'administration municipale, pour qu'elle ne s'engage point dans les emprunts et qu'elle commence à renoncer à celui de 127,000 f., qu'elle projette. Une fois engagée dans cette voie ruineuse, elle éprouverait le sort de ces quatre villes que je vais prendre pour exemple.

Un honorable pair disait à la chambre le 7 juillet dernier : « Messieurs, les quatre villes de Lizieux, Lyon, le Mans et Nancy sont tellement surchargées d'impôts extraordinaires ou d'emprunts, qu'elles sont réduites à emprunter avec condition de ne rembourser au plutôt qu'à dater de 1842 et notamment Lyon à dater de 1851. On lit dans l'exposé des motifs que la situation de cette ville est mauvaise. Pourquoi, Messieurs? parce qu'elle a voulu entreprendre trop de travaux à la fois. Et voyez jusqu'où va aujourd'hui la folie des travaux, je ne puis me servir d'autre mot. La ville de Lyon, en ce moment même où elle est réduite à emprunter un capital pour solder les intérêts de ses emprunts antérieurs, ne craignait pas de demander au gouvernement l'autorisation d'emprunter deux millions pour de nouveaux ouvrages d'embellissemens seulement, et de nul rapport par la suite. Mais le Conseil d'Etat n'a voulu sagement consentir que 200,000 fr., non pas certes pour des travaux nouveaux, mais pour mettre l'administration municipale à même de payer les intérêts des emprunts passés ; de sorte que, vous le remarquerez, Messieurs, voilà une ville obligée d'emprunter pour payer des arrérages d'emprunts ! tout cela est mauvais. J'avais donc raison, de m'élever comme je l'ai fait, depuis trois ou quatre ans contre cette multiplicité de travaux publics et municipaux, entrepris simultanément, et tous à l'aide, non d'économies, mais d'emprunts qui grèvent l'avenir, ou d'impositions extraordinaires qui écrasent les contribuables actuels. »

Ainsi parlait l'honorable pair : et ne pourrions-nous pas mettre à profit quelques vérités recueillies dans des villes qu'il faut bien nous garder d'imiter ; car quand seront-elles tranquilles sur leur position financière, qui ne fera qu'empirer par la raison seule qu'elles sont obligées d'emprunter et de se conformer, malgré elles, à cet ancien adage qui dit qu'il faut découvrir St.-Pierre pour couvrir St.-Paul. Triste ressource qui plus d'une fois a conduit ses partisans à l'hôpital ; mais les villes ne ressemblent nullement aux particuliers, qui aujourd'hui achètent chevaux et voitures et demain les revendent au rabais pour payer une partie de la folie ; les villes empruntent pour construire, s'embellir, et les objets leur restent avec les dettes à payer.

TYPOGRAPHIE DE A. BAYVET ET Cie.

www.ingramcontent.com/pod-product-compliance
Lightning Source LLC
LaVergne TN
LVHW020048090426
835510LV00040B/1474